导游服务
那些事儿

秦皇岛市旅游委员会
编著

中国轻工业出版社

图书在版编目（CIP）数据

导游服务那些事儿 / 秦皇岛市旅游委员会编著.
—北京：中国轻工业出版社，2017.11
ISBN 978-7-5184-1642-4

Ⅰ. ①导… Ⅱ. ①秦… Ⅲ. ①导游—旅游服务—岗位培训—教材 Ⅳ. ① F590.63

中国版本图书馆CIP数据核字（2017）第236830号

责任编辑：史祖福　　责任终审：劳国强　　整体设计：锋尚设计
策划编辑：史祖福　　责任校对：晋　洁　　责任监印：张　可

出版发行：中国轻工业出版社（北京东长安街6号，邮编：100740）
印　　刷：北京君升印刷有限公司
经　　销：各地新华书店
版　　次：2017年11月第1版第2次印刷
开　　本：850×1168　1/32　印张：2.25
字　　数：56千字
书　　号：ISBN 978-7-5184-1642-4　定价：43.00元
邮购电话：010-65241695
发行电话：010-85119835　传真：85113293
网　　址：http://www.chlip.com.cn
Email：club@chlip.com.cn
如发现图书残缺请与我社邮购联系调换
171440J4C102ZBW

《秦皇岛市旅游行业服务规范培训动漫读本》编委会

主　　任：李文生
副 主 任：张力荣　李惟立
编　　委：栗书河　付　岗　郭　伟　杨立平　王文军　郭　颖

本书编写人员

主　　编：栗书河
副 主 编：王秀杰　张志辉
参编人员：王喜民　方志学　李冬梅

序

　　为建设质量管理城市及全域旅游示范城市，提升建设秦皇岛市旅游行业服务质量品牌，秦皇岛市旅游委员会在河北省第二届旅游发展大会的筹备期间，组织智库专家研究编制了"秦皇岛市旅游行业标准规范"系列执业质量管理文件，作为全市旅游业从业人员工作规范的指导标准及专业能力建设工作的基本依据。

　　为满足现代新生代旅游从业者的培训学习特点需求，切实发挥标准规范影响效力，秦皇岛市旅游委员会专门组建了"旅游行业服务规范培训动漫读本编委会"，按照饭店、旅游景区、旅行社、导游及沙滩海域系列策划设计了配套动漫插图，以互动鲜活的形式呈现，出版了本套专题图书。以培训形式改革创新，达到旅游行业培训工作效果扎实有效的目标。

　　本培训读本适合各类旅游企业人员培训及相关旅游专业院校学生基础学习使用，是旅游行业典型服务工作质量内训的参用资料。

秦皇岛市旅游委员会
2017 年 9 月 28 日

目 录

第一部分 全陪导游服务规范

规范内容一	首站（入境站）接团服务及要求	2
规范内容二	入住饭店服务及要求	4
规范内容三	核对商定日程及要求	5
规范内容四	各站服务及要求	6
规范内容五	离站服务及要求	10
规范内容六	途中服务及要求	13
规范内容七	末站（离境站）服务及要求	14
规范内容八	后续工作及要求	15

第二部分 地陪导游服务规范

规范内容一	接站服务及要求	18
规范内容二	赴饭店途中服务及要求	20
规范内容三	饭店内服务及要求	23
规范内容四	核对、商定节目安排	24
规范内容五	参观游览过程中的导游、讲解服务及要求	25
规范内容六	其他服务及要求	31
规范内容七	送站服务及要求	34

第三部分
景区讲解
服务规范

规范内容一	旅游景区讲解员的基本素质要求	46
规范内容二	旅游景区讲解员的服务准备	49
规范内容三	旅游景区讲解活动要求	53
规范内容四	乘车（乘船）游览的讲解服务要求	59
规范内容五	游客购物时的要求	60
规范内容六	游客观看景区演出时的服务要求	61
规范内容七	讲解活动中的安全要求	62

第一部分
全陪导游服务规范

本规范规定了全陪导游服务的内容及对应的要求,适用于全陪导游的培训及考核。

规范内容一 首站（入境站）接团服务及要求

全陪应在旅游团抵达后做热情友好、周到细致的接待，让旅游者有宾至如归的感觉。

（1）接团前，全陪应向接待社了解本站接待工作的详细安排情况。

（2）全陪应提前半小时到接站地点与地陪一起迎候旅游团。

（3）全陪应协助地陪尽快找到旅游团，向领队自我介绍后，立即与领队核实实到人数、行李件数、住房、餐饮等方面的情况。如与原计划有出入或变化，应及时与接待社联系，反映该团要求。

（4）全陪应协助领队向地陪交接行李。

第一部分
全陪导游服务规范

（5）全陪应代表组团社和个人向旅游团致欢迎辞。欢迎辞内容包括：表示欢迎，自我介绍（同时应将地陪介绍给全团），表示提供服务的真诚愿望，预祝旅行顺利愉快等内容。

（6）致完欢迎辞后，全陪应向全体旅游者简明扼要地介绍行程，对于住宿、交通等方面的情况适当让旅游者有所了解。

规范内容二　入住饭店服务及要求

进入饭店大堂后，全陪应与地陪、领队各司其职，尽快帮助旅游团完成住宿登记手续、进住客房、取得行李。

（1）全陪应积极主动地协助领队办理旅游团的住店手续。

（2）全陪应掌握住房分配名单，并与领队交换各自房号以便联系。

（3）全陪应热情引导旅游者进入房间。

（4）如地陪不住饭店，全陪要负起全责，照顾好旅游团。

（5）全陪应掌握饭店总服务台的电话号码和与地陪紧急联系的办法。

规范内容三　核对商定日程及要求

全陪应认真与领队核对、商定日程。

如遇难以解决的问题，应及时反馈给组团社，使团队得到及时的答复。之后还要与领队核对出境机票，并协助检查旅游者签证有效期是否与团队在华日期相符合。如遇境外组团社订国内机票并由领队自带的，应尽快交与接待社核实航班号，确认机位。

规范内容四　各站服务及要求

全陪在旅途的各站服务,应使接待计划得以全面顺利实施,各站之间有机衔接,各项服务适时、到位,使突发事件得到及时有效处理,能保护好旅游者的人身及财产安全。

1. 全陪应向地陪通报旅游团的情况,并协助地陪工作
2. 监督各地服务质量,酌情提出改进意见和建议
(1)若活动安排与上几站有明显重复,全陪应建议地陪作必要调整。
(2)若对当地接待工作有意见和建议,全陪要诚恳地向地陪提出,必要时向组团社报告。
3. 保护旅游者的安全,预防和处理各种事故
(1)游览活动中,全陪要注意观察周围的环境,留意旅游者的动向,协助地陪圆满完成导游讲解任务,避免旅游者走失或发生意外。

（2）若发生意外事故，应依靠地方相关人员妥善进行处理。旅游者生病或住院、发生重大伤亡事故、失窃案件、丢失护照、钱物等，应请有关单位或部门查找。如确属丢失被盗，应办好有关保险索赔手续。

4. 为旅游者当好购物顾问

旅游者购买贵重物品特别是文物时，要提醒其保管好发票以备出海关时查验；旅游者购买中成药、中药材时，要向旅游者讲清中国海关的有关规定。

5. 做好联络工作

（1）做好领队与地陪、旅游者与地陪之间的联络、协调工作。

（2）做好旅游线路上各站间，特别是上、下站之间的联络工作；通报情况（如领队的意见、旅游者的要求等），落实接待事宜。

规范内容五　离站服务及要求

在旅游团离开各地之前,全陪应进行如下工作。

1. 提前提醒地陪落实离站的交通票据及离站的准确时间

2. 协助领队和地陪办理离站事宜

(1) 向领队讲清航空、铁路、水路有关托运或携带行李的规定,超重部分应按章交纳行李超重费;对乘坐飞机离站的旅游团,要提醒领队和地陪需交纳机场建设费和机场税等。

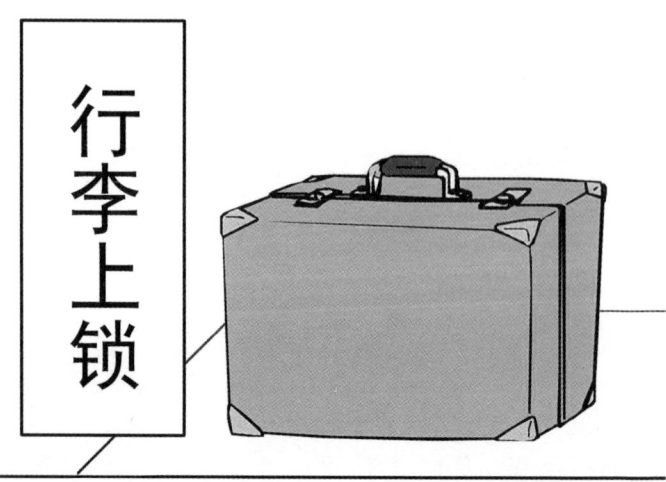

第一部分 全陪导游服务规范

（2）向旅游者讲明我国有关行李托运的规定，帮助有困难的旅游者捆扎行李，请旅游者将行李上锁。

（3）协助领队、地陪清点旅行团行李，与行李员办理交接手续。

3. 妥善保管票证

（1）到达机场（车站、码头）后，应与地陪交接交通票据、行李卡或行李托运单。交接时一定要点清、核准并妥善保存，以便到达下站后顺利出站。

（2）与地陪按规定办好财务手续，并妥善保管好财务单据。

4. 如遇航班推迟起飞或取消，全陪应协同机场人员和该站地陪安排好旅游者的食宿

规范内容六　途中服务及要求

在长途交通过程中，时间长、生活枯燥，易发生丢失财务事件，全陪应认真做好途中服务。要求如下。

（1）乘飞机（火车、轮船）时，全陪要积极争取民航、铁路、航运部门工作人员的支持，共同做好保卫、生活服务工作。

（2）在运行中，全陪应提醒旅游者注意人身和物品的安全。

（3）组织好娱乐活动，协助安排好饮食和休息，照顾好旅游者的生活。

（4）保管好行李托运单和机、车、船票等单据，抵达下站时将其交予当地陪同。

（5）乘火车旅行，应事先请领队分配好包箱、卧铺铺位。

（6）旅游团中若有晕机（车、船）的旅游者，全陪要给予特别关注；旅游者突然患重病，全陪应立即采取措施并争取司机、乘务人员的协助。

规范内容七　末站（离境站）服务及要求

末站（离境站）的服务是全陪服务中的最后环节，应使旅游团顺利离开末站（离境站），并留下良好的印象。

（1）当旅行结束时，全陪要提醒旅游者带好自己的物品和证件。

（2）征求旅游者对整个接待工作的意见和建议。

（3）致欢送辞，对游客给予的合作表示感谢并欢迎再次光临。

规范内容八 后续工作及要求

全程陪同带团结束后的后续工作应在尽短时间内完成，因为全陪一次性带团时间一般较长，其间会有大量的事情需要在这个环节处理，长时间地拖延将对总结工作带来许多不利影响。

（1）旅游团离境后，全陪应认真处理好旅游团的遗留问题，提供可能的延伸服务，如有重大情况，要向本社进行专题汇报。

（2）认真、按时填写《全陪日志》或提供旅游行政管理部门（或组团社）所要求的资料。《全陪日志》的内容包括：旅游团的基本情况，旅游日程中飞机、火车、航运交通情况，各地接待质量（包括游客对食、住、行、游、购、娱各方面的满意程度），发生的问题及处理经过，旅游者的反映及改进意见。

（3）按财务规定，尽快报销差旅费。

（4）归还所借物品。

第二部分
地陪导游服务规范

本规范规定了地陪导游服务的内容及对应的要求,适用于地陪导游的培训及考核。

规范内容一　接站服务及要求

1. 旅游团抵达前的服务安排

（1）地陪应在接站出发前确认旅游团所乘交通工具的准确抵达时间。

（2）与旅游车司机联络，通知出发的时间，确定会合地点，确保提前半小时到达接团地点。并在前往接站地点的途中，导游员要把该旅游团的日程安排介绍给司机。

（3）地陪应提前半小时抵达接站地点，商定选择车辆停放的最佳停车位置，然后再次与机场（车站、码头）的问讯处取得联系，核实旅游团抵达的准确时间。

（4）地陪应在旅游团出站前与行李员取得联络，通知行李员取得行李的时间地点以及行李送往的地点。

（5）地陪应在旅游团出站前持接站标志，站立在出站口醒目的位置热情迎接旅游者。

2. 旅游团抵达后的服务

（1）旅游团出站后，地陪应尽早认出自己的团队，及时与领队、全陪接洽。

（2）团队得到确认后，地陪要立即与领队和全陪核实团队到站人数，如有变化，应立即通知旅行社，以便争取时间变更相应预定项目的数量，避免经济损失。

（3）地陪应告知并协助旅游者将行李放在指定的安全位置，与领队、全陪核对行李件数、状态后，移交给行李员，并做好移交手续。

（4）地陪要引导旅游者前往乘车处，提醒他们注意带好随身携带的物品；然后高举导游旗，以适当的速度走在团队的前面，引领游客前行；同时还要请全陪或领队走在团队的最后面，以确保团队的安全。

（5）到达旅游车停放的位置后，地陪应站立在车门旁，微笑注视并协助旅游者登车。当所有成员都上车后，方可上车并协助旅游者就座、摆放好旅游者的随身行李。礼貌地清点人数。待旅游者坐稳之后，请司机开车出发。

规范内容二　赴饭店途中服务及要求

1. 致欢迎辞

欢迎辞的内容为：

（1）代表所在接待社、本人及司机欢迎旅游者光临本地。

（2）介绍自己姓名及所属单位。

（3）介绍司机。

（4）表达提供服务的诚挚愿望。

（5）预祝旅游愉快顺利。

2. 调整时间

这个环节是针对刚刚入境的国际旅游团而言,地陪介绍两国(两地)的时差,使旅游者了解并调整到本地时间。

3. 介绍本地概况

主要有地理位置、气候特点、历史沿革、人口状况、行政区划、社会经济、文化生活、土特产品、风俗习惯等。

4. 沿途景物讲解

主要是以市容市貌为主,包括主要建筑、商场、小区、街道以及独具地方特色的景物等。

5. 介绍下榻的饭店

地陪要适时地介绍旅游者下榻的饭店情况:饭店名称、位置、距机场(车站、码头)的距离、星级、规模、历史发展、主要服务项目、入住手续等。

6. 宣布入住后的活动安排

包括活动内容、集合时间地点、活动要求、注意事项,并提醒旅游者记清楚所乘车辆的车牌号、颜色、车型、顺序号等便于识别的记号。

规范内容三　饭店内服务及要求

（1）协助旅游者办理入住手续。

（2）介绍饭店设施与分布情况。

（3）安排行李入房。

（4）用好第一餐。

（5）落实叫早事宜。

（6）协助处理旅游者入住后的临时性问题。

规范内容四 核对、商定节目安排

地陪要在接到团队后,尽早与领队全陪核对、商定日程。在核对、商定日程时,对出现的不同情况,地陪要采取相应的措施。

1. 提出小的修改意见或增加新的游览项目时

(1)及时向旅行社有关部门反映,对合理有可能的项目应尽力予以安排。

(2)需要加收费用的项目,地陪要事先向领队和旅游者讲明,按有关收费标准收取费用。

(3)对确有困难无法满足的要求,地陪要详细解释、耐心说服。

2. 提出的要求与原计划不符且又涉及接待规格时

(1)一般应予婉言拒绝,并说明我方不便单方面不执行合同。

(2)如确有特殊理由,并且由领队提出,地陪必须请示旅行社有关部门,视情况而定。

3. 领队(或全陪)手中的旅行计划与地陪的接待计划有部分出入时

(1)要及时报告旅行社查明原因、分清责任。

(2)若是接待方的责任,地陪应实事求是地说明情况,并向领队和全体旅游者道歉。

 ## 参观游览过程中的导游、讲解服务及要求

1. 出发前的准备服务

（1）车辆的准备　地陪要在团队出发前，有相当充足的时间与司机联系，确保司机将车辆提前20分钟停放在指定的出发地点，并做好旅游车内的各项准备工作。

（2）用餐的准备　地陪要提前落实当天的用餐，对中、晚餐的用餐地点、时间、人数、标准、特殊要求等项逐一落实并确认。

（3）提前到达出发地点　地陪应该在出发前至少提前20分钟到达旅游者下榻的饭店，在约定的位置上等候游客。

（4）核实、清点实到人数　在登车前，要核实是否全部旅游者都已到达。如发现有的旅游者未到，应及时向领队全陪或其他旅游者问明原因。如若有的旅游者因故不准备随团活动，地陪应得到其本人和领队的确认后，做出妥善安排，并通知饭店有关部门。

（5）提醒注意事项　地陪要在出发前，就旅游活动中的客观环境的要求提醒游客，并督促、协助他们做好准备。其中包括天气情况的变化和参观项目的地形、线路对旅游者服装和随身携带物品的要求等；提醒旅游者带好房卡并详细记住下榻饭店的地址和通信方式等，以备一旦出现意外走失能够安全返回饭店；提醒游客在登车时带好随身携带的物品，以免忘记在饭店公共区域里。

（6）准时登车出发　在这个环节里，地陪要宣布登车，并站在车门一侧，微笑着协助每一位旅游者上车。上车后要再次礼貌地清点人数，妥善安置好旅游者的随身携带物品。待所有旅游者安稳坐下，一切就绪后，才可以宣布出发。

2. 赴景点途中导游

在这个环节里,地陪要做好以下工作。

(1)重申当日活动安排 开车后,首先地陪要再次介绍当日的全部活动安排,包括要参观景点的名称、途中需要的时间、午晚餐的时间地点以及购物、娱乐项目的计划安排等。还要视情况介绍国内外发生的重要新闻。

(2)沿途风光介绍 在赴即将参观的景点途中,地陪应根据游客对旅游审美的需要和沿途景物的变化,向旅游者做本地风土人情、自然景观的导游介绍,并回答旅游者提出的问题。如旅途长,地陪可以与游客讨论感兴趣的国内外问题,或组织适当的娱乐活动活跃气氛。

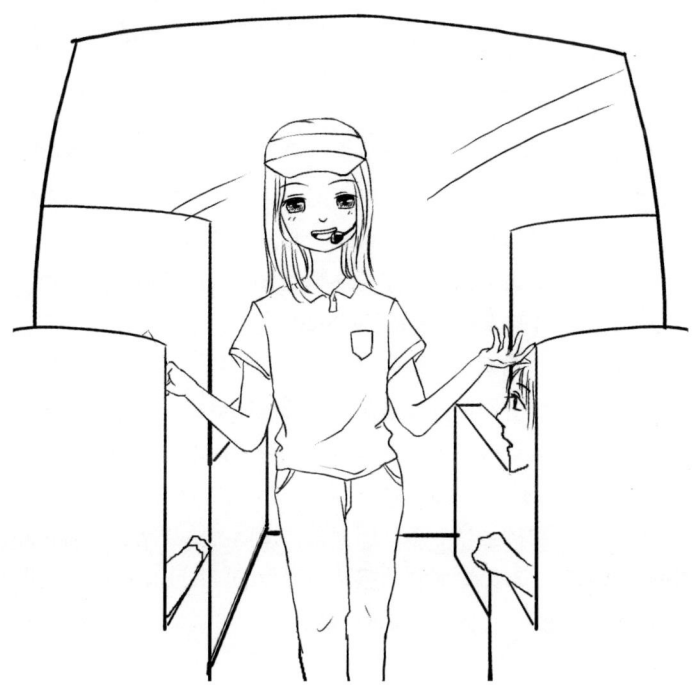

（3）介绍游览景点　在旅游车抵达目的地前，地陪要对游览景点向旅游者作概括性的介绍，尤其是景点的历史价值和特色，目的是为了满足旅游者想事先了解有关知识的心理，激发其游览景点的欲望，也可以节省到目的地后的讲解时间。但要注意的是不要过于具体、细致，因为那样会降低旅游者实际游览观光时的兴趣。

3．景点导游、讲解

（1）景点参观游览前的准备工作　抵达景点后，在下车前地陪要讲清楚并提醒旅游者记住旅行车的车型、颜色、标志、车号和停车地点、开车时间；还要向旅游者讲明参观游览过程中的有关注意事项。下车后，要把旅游者引领到景点示意图面前，讲明游览线路、所需时间、集合时间、地点等。若为边境游的旅游团，地陪应在出境前向游客讲解旅游目的地国的风俗、习惯及应注意事项。

（2）进入景点后对景点的讲解　讲解内容应繁简适度，应包括该景点的历史背景、特色、地位、价值等方面的内容。讲解的语言应生动，富有表现力。

在景点导游的过程中，地陪应保证在计划的时间与费用内，旅游者能充分地游览、观赏，做到讲解与引导游览相结合，适当集中与分散相结合，劳逸适度，并应特别关照老弱病残的旅游者。

（3）注意旅游者的安全　在景点导游的过程中，地陪要自始至终与旅游者在一起活动，并随时清点人数，以防旅游者走失。要注意观察周围的环境，和全陪、领队密切合作并随时清点人数，确保旅游者的安全。

4. 参观活动

在接待计划中，如有参观的内容，地陪应提前与被参观的单位联系，落实参观的时间和内容。到达参观单位后，通常先组织旅游者听被接待单位的情况介绍，然后引领旅游者参观。整个参观活动时间的安排宜短不宜长。外语导游客员应注意在翻译的过程中，介绍者的语言若有不妥之处，应予以提醒，请其纠正后再译。如来不及可改译或不译，但事后要说明。在翻译的过程中，尤其要注意避免泄漏经济情报，把好这一关十分重要。

5. 返程中的工作

（1）回顾当天活动　地陪应在返程中根据旅游者的实际状态，适时地给予一定时间的休息，然后与大家一起回顾当天的参观、游览内容，尤其是那些精彩有趣、给人以深刻印象的瞬间，还可以进行补充讲解，或回答旅游者提问。

（2）沿途景物介绍　返回时尽可能不选择原路，这样可以增加沿途景物对旅游者的吸引力，并加以讲解，保持或延续旅游者的兴致。

（3）专题讲解　可以利用这段时间，对旅游者在参观游览过程中普遍体现出来的较为关心感兴趣的问题，使用课堂讲解法，作全面、系统、生动的专题讲解。内容可以涉及许多方面，国家政策、经济生活、

文化习俗、生活细节、历史典故、神话传说或名人轶事等，争取达到旅游者另一个情绪上的小高潮，使返程生活丰富有趣，给旅游者以收获与快乐。

（4）宣布晚上或次日活动安排　在即将到达下榻饭店时，地陪要预报晚上或次日的活动内容、出发时间、集合地点和注意事项及要求。

（5）做好下车时的服务　下车前，要真诚感谢旅游者一天中对导游工作的支持与帮助，并表示对晚上或次日活动的信心与渴望。提醒旅游者带好随身物品。下车时，要站在车门一侧，照顾旅游者下车，表示感谢和良好祝愿。

规范内容六 **其他服务及要求**

1. 社交活动

旅游团队的主要社交活动形式有风味品尝、会见和舞会。

（1）风味品尝　计划内风味餐在旅游行程计划中有明确规定，其费用已经包含在旅游者支付的包价之内，只需要导游员按计划、标准执行即可。计划外风味餐是由全部或部分旅游者计划外临时决定，并现付费用的品尝方式，多数情况下，会向地方导游员征求意见并邀请其参加。在这种情况下，导游员应注意不要反客为主。用餐时要向旅游者介绍风味名菜，并与旅游者广泛交谈。

（2）会见　有些时候，国外专业旅游团要会见中国同行或某一方面的负责人，必要时导游员要充当翻译；若有翻译，导游员则在一旁倾听。

地陪要事先了解会见时是否互赠礼品，礼品中是否有应税物品，若有应提醒有关方面办理必要的手续。

旅游者若要会见在华亲友，导游员要协助安排，但在一般情况下无充当翻译的义务。

（3）舞会　在有些情况下，有关单位组织交际性舞会，邀请旅游者参加，地陪要陪同前往；旅游者自发组织参加娱乐性舞会，地陪可代为购票，是否参加自便，但无陪舞义务。

2. 旅游团就餐时对地陪的服务要求

旅游团就餐时,地陪的服务应包括:

(1)简单介绍餐馆及其菜肴的特色。

(2)引导旅游者到餐厅入座,并介绍餐馆的有关设施。

(3)向旅游者说明酒水的类别。

(4)解答旅游者在用餐过程中的提问,解决出现的问题。

3. 旅游团购物时对地陪的服务要求

旅游团购物时,地陪应:

(1)向旅游团介绍本地商品的特色。

(2)随时提供旅游者在购物过程中所需要的服务,如翻译、介绍托运手续等。

4. 旅游团观看文娱节目时对地陪的服务要求

旅游团观看计划内的文娱节目时,地陪的服务应包括:

(1)简单介绍节目内容及其特点。

(2)引导旅游者入座。

(3)在旅游团观看节目过程中,地陪应自始至终坚守岗位。

规范内容七　送站服务及要求

1. 送站前的准备工作

（1）核实离站交通票据　核实、确认交通票据的工作十分重要，地陪必须给予高度重视，做到准确无误。

旅游团离开本地的前一天，地陪应核实该团离开的机、车、船票，核对团名、人数、去向；航班（车次、船次）；起飞、开车、离港时间（要做到四核实：计划时间、时刻表时间、票面时间、问询时间）；在哪个机场（车站、码头）启程等事宜。如果该团乘坐的航班（车次、船次）和时间有变更，地陪应问清旅行社有关部门是否已经通知下一站接待社，以免造成下一站的漏接。

（2）商定出行李时间　地陪应与旅行社行李部联系，了解旅行社行李员与饭店行李员交接行李的时间（或按旅行社规定的时间），然后再与饭店行李员商定地陪、全陪、领队与饭店行李员四方交接行李的时间。

与饭店行李员商定后，再与领队、全陪商定旅游者出行李的时间，然后通知全团，同时要向旅游者讲清托运行李的具体时间和注意事项，提醒旅游者不要将护照及贵重物品放在托运行李里，托运行李需要包装完善、锁扣完好、捆扎牢固，并能承受一定的压力；禁止托运的物品等。

（3）商定人员集合、出发时间　一般由地陪和司机商定出发时间，但为安排得更合理，还应及时地与领队、全陪商议，确定后应及时通知全体旅游者。

（4）落实好叫早和早餐　如果该团出发时间较早，地陪应与领队和全陪商定叫早和早餐的时间，并通知全体旅游者和饭店的有关部门。如果该团商定的用早餐时间早于餐厅正常的服务时间，地陪应通知饭店订餐处提前安排。

（此处为插图：女士手持账单，对话框内文字为"洗衣费、长途电话费以及其他个人店内消费"）

（5）协助饭店结清与旅游者的有关账目　地陪应及时提醒、督促旅游者尽早与饭店结清有关的各种账目，如洗衣费、长途电话费以及其他个人店内消费；如有旅游者损坏了客房设备，地陪应提前协助饭店妥善处理赔偿事宜。

地陪还应及时通知饭店有关部门旅游团的离店时间，提醒其提前与旅游者结清账目。

（6）及时归还证件　一般情况下，地陪不应保管旅游团的旅游证件，必须使用时，要在用完后立即归还旅游者或领队。在离站前一天，地陪应检查自己的物品，寻找是否留有旅游者的旅行证件或票据，如有应立即归还，并当面点清。

2. 离店服务

（1）集中交运行李　团队离店前，地陪应按预先商量好的时间与饭店行李员办好行李交接手续。过程是先将要托运的行李集中，其中也包括全陪要托运的行李，与领队和全陪共同清点数量，检查行李是否已经上锁，是否已经捆扎牢固，是否有破损等，然后交付给行李员，并办好全部交接手续。

（2）办理退房手续　如果没有特殊情况，团队应该在中午12：00以前办理退房手续。在确认所有旅游者都已与饭店结清账目后，便可以带领团队离开。

（3）提醒注意事项　在离开饭店前，地陪要提醒旅游者注意以下事项：与饭店结清其账目；如需要，归还客房钥匙；带好随身携带的物品和旅游证件，检查是否有物品遗忘在客房内；是否有委托地陪在团队离开后办理的事情；保管好个人的贵重物品等。

（4）集合登车　地陪应站在旅游车门的一侧，微笑地协助旅游者登车。全部登车后要礼貌地清点人数，协助旅游者将随身携带的物品安全摆放，再次提醒旅游者清点随身携带物品和旅游证件，如无遗漏，请司机开车离开饭店。

3. 送行服务

（1）致欢送辞

欢送辞应包括以下内容：

① 回顾旅游活动，感谢旅游者的合作与支持。

② 表达友谊和惜别之情。

③ 诚恳征求旅游者对接待工作的意见和建议。

④ 若在旅游活动中有不顺利或服务不尽人意之处，再次向旅游者表示真诚的歉意。

⑤ 表达美好祝愿。

（2）提前到达机场、车站、码头　地陪带团到达机场（车站、码头）必须留出充裕的时间。若是乘出境航班，要提前2个小时到达；乘国内航班，要提前90分钟到达；乘火车和轮船，要提前1小时到达。

旅游车到达机场（车站、码头）后，地陪应提醒旅游者带齐随身携带的物品，照顾旅游者下车后，要再检查车内是否有旅游者遗漏的物品。

（3）办理离站手续

① 国内航班（车、船）的离开手续

首先，要移交交通票据和行李票。地陪应迅速与旅行社的行李员联系，将行李员交来的交通票据和行李托运单或行李卡一一清点无误后交给全陪，请其清点核实。

然后，与全陪按规定办理好财务拨款结算手续并妥善保管好单据。

最后，地陪一定要等到团队所乘的交通工具启动后，方可离开。

② 国际航班（车、船）的离境手续

首先，要移交行李。地陪应和领队全陪一起与旅行社行李员交接行李，清点核实后协助将行李交给每位旅游者，由旅游者自己携带行李办理托运手续。

然后，地陪要向领队介绍办理出境手续的程序，并与全陪办理财务拨款结算手续，妥善保管好单据。

最后，地陪要等到团队进入隔离区后方可离开。

（4）与司机结账　送走旅游团后，地陪应与司机核实用车公里数，在用车单据上签字，并要保管好单据。

第三部分
景区讲解服务规范

本规范规定了景区讲解服务的内容及对应的要求，适用于景区讲解员的培训及考核。

规范内容一 旅游景区讲解员的基本素质要求

为保证旅游服务质量,讲解员应具备以下基本素质。

1. 思想品德

思想品德应符合:

(1)时时注意维护国家和民族尊严。

(2)努力学习掌握并遵守国家和地方的有关法律和法规。

(3)遵守社会公德,爱护公共财物。

（4）尊重民族传统，尊重游客的风俗习惯和宗教信仰。
（5）对待游客谦虚有礼、朴实大方、热情友好，尤其注意对老幼病残孕等弱势群体的关照，并且努力维护旅游者的合法权益。
（6）热爱本职工作，忠于职守。
（7）增强服务意识，不断提高自己的业务能力。
（8）不得以暗示或其他方式引导游客为讲解员本人或相关群体非法牟取荣誉或物质利益。

2. 体质与基本从业能力

体质与基本从业能力应符合：

（1）身体健康，无传染性疾病。

（2）能够使用普通话（或民族语言，或外语）进行景区内容的讲解，有较强的语言表达能力（做到口齿清楚，发音准确，表达逻辑清楚，用语礼貌自然），并努力实现语言的适度生动。

（3）具有相应的文化素养和较为广博的知识，并努力学习和把握与讲解内容有关的政治、经济、历史、地理、法律法规、政策，熟悉相关的自然和人文知识及风土习俗，从而将其运用于讲解工作。

（4）具有相应的应变能力和组织协调能力。

规范内容二　旅游景区讲解员的服务准备

1. 准备工作要求

（1）知识准备

景区讲解员知识准备应符合：

① 熟悉并掌握本景区讲解内容所需的情况和知识（基于景区的差异，可分别包括自然科学知识，历史和文化遗产知识，建筑与园林艺术知识，宗教知识，文学、美术、音乐、戏曲、舞蹈知识等；以及必要时与国内外同类景区内容对比的文化知识）。

② 基于游客对讲解的时间长度、认知深度的不同要求，讲解员应对讲解内容做好两种或两种以上讲解方案的准备，以适应旅游团队或个体的不同需要。

③ 预先了解游客所在地区或国家的宗教信仰、风俗习惯，了解游客的禁忌，以便能够实现礼貌待客。

（2）接待前的准备

接待前的准备包括：

① 接待游客前，讲解员要认真查阅核实所接待团队或贵宾的接待计划及相关资料，熟悉该群体或个体的总体情况，如停留时间、游程安排、有无特殊要求等诸多细节，以使自己的讲解更有针对性。

② 对于临时接待的团队或散客，讲解员同样也应注意了解游客的有关情况，一般应包括游客主体的来源、职业、文化程度以及其停留时间、游程安排、有无特殊要求等，以便使自己的讲解更能符合游客的需要。

2. 上岗时的准备

上岗时应准备：

① 佩戴好本景区讲解员的上岗标志。

② 如有需要，准备好无线传输讲解用品。

③ 需要发放的相关资料。

④ 接待团队时所需的票证。

⑤ 对特殊需要的讲解内容或第一次讲解线路，事先踩点和准备。

3. 仪容仪表

仪容仪表应符合：

① 着装整洁、得体；有着装要求的景区，也可以根据景区的要求穿着工作服或指定服装。

②饰物佩戴及发型，以景区的原则要求为准；女讲解员一般以淡妆为宜。

③言谈举止应文明稳重，自然而不做作。

④讲解活动中可适度使用肢体语言，且力避无关的小动作。

⑤接待游客热情诚恳，并符合礼仪规范。

⑥工作过程中始终做到情绪饱满，不抽烟或进食。

⑦注意个人卫生。

4．讲解语种

讲解语种包括：

① 景区讲解，应以普通话为普遍使用的语言。

② 位于民族地区的景区，宜根据客源情况提供民族语言和普通话的双语讲解服务。

③ 有条件的景区，宜根据客源情况提供多语种的讲解服务。

规范内容三 旅游景区讲解活动要求

1. 接待开始时的服务要求

① 接待开始时的服务要求应符合。
② 代表本景区对游客表示欢迎。
③ 介绍本人姓名及所属单位。
④ 表达景区对提供服务的诚挚意愿。
⑤ 了解游客的旅游需求。
⑥ 表达希望游客对讲解工作给予支持配合的意愿。
⑦ 预祝游客旅游愉快。

2. 游览前的讲解服务要求

游览前的讲解服务要求包括：

① 应向游客介绍本景区的简要情况，尤其是景点的背景、价值和特色。

② 应向游客适度介绍本景区的所在旅游地的自然、人文景观和风土人情等相关内容。

③ 应提醒团队游客注意自己团队原定的游览计划安排，包括在景区停留的时间，主要游览线路，以及参观游览结束后集合的时间和地点。

④ 应向旅游者说明游览过程中的注意事项，并提醒游客保管好自己的贵重物品。

⑤ 游程中如需讲解人员陪同游客乘车或乘船游览，讲解人员宜协助游客联系有关车辆或船只。

3. 游览中的讲解服务要求
(1) 讲解内容的选取原则
讲解内容的选取原则如下:
① 有关景区内容的讲解,应有景区一致的总体要求。
② 内容的取舍应以科学性和真实性为原则。
③ 民间传说应有故事来源的历史传承,任何景区和个人均不得为了景区经营目的而随意编造。
④ 有关景区内容的讲解应力避同音异义词语造成的歧义。
⑤ 使用文言文时需注意游客对象;需要使用时,宜以大众化语言给以补充解释。

⑥ 对历史人物或事件，应充分尊重历史的原貌；如遇尚存争议的科学原理或人物、事件，则宜选用中性词语给以表达。

⑦ 讲解内容如系引据他人此前研究成果，应在解说中给以适度的说明，以利于游客今后的使用和知识产权的保护。

⑧ 景区管理部门应积极创造条件，邀请有关专家实现对讲解词框架和主体内容的科学审定。

（2）讲解导游的方法与技巧

讲解导游的方法与技巧如下：

① 对景区的讲解要繁简适度；讲解语言应准确易懂；吐字应清晰，并富有感染力。

② 要努力做到讲解安排的活跃生动，做好讲解与引导游览的有机结合。

③ 要针对不同游客的需要，因人施讲，并对游客中的老幼病孕和其他弱势群体给予合理关照。

④ 在讲解过程中，应自始至终与游客在一起活动；注意随时清点人数，以防游客走失；注意游客的安全，随时做好安全提示，以防意外事故发生。

⑤ 要安排并控制好讲解时间，以免影响游客的原有行程。

⑥ 讲解活动要自始至终使用文明语言；回答问题要耐心、和气、诚恳；不冷落、顶撞或轰赶游客；不与游客发生争执或矛盾。

⑦ 如在讲解过程中发生意外情况，则应及时联络景区有关部门，以期尽快得到妥善处理或解决。

4．与游客的沟通

与游客的沟通包括：

① 旅游讲解也是沟通，讲解员在讲解中应注意平等沟通的原则，注意游客与自己在对事物认知上的平等地位。

② 在时间允许和个人能力所及的情况下，宜与游客有适度的问答互动。

③ 要意识到自己知识的盲点，虚心听取游客的不同意见和表达。

④ 对游客的批评和建议，应该礼貌地感谢，并视其必要性及时或在事后如实向景区有关部门反映。

5. 讲解活动结束时的服务要求

（1）在讲解活动结束时，讲解员应做到：

① 诚恳征求游客对本次讲解工作的意见和建议。

② 热情地向游客道别。

③ 一般情况下，在游客离开之后方可离开。

（2）在游客离开景区后，或当天工作结束前，讲解员应做到：

① 按照景区的规定，及时认真地填写《工作日志》或本单位规定的有关工作记录。

② 如有特殊情况，及时向景区有关方面如实反映。

规范内容四 乘车（乘船）游览的讲解服务要求

景区讲解如果是在乘车（乘船）游览时进行，讲解员应做到：

（1）协助司机（或船员）安排游客入座。

（2）在上车（船）、乘车（船）、下车（船）时提醒游客有关安全事项，提醒游客清点自己的行李物品；并对老幼病孕和其他弱势群体给予特别关照。

（3）注意保持讲解内容与行车（行船）节奏的一致，讲解声音应设法让更多的游客都能听见。

（4）努力做好与行车安全（或行船安全）的配合。

规范内容五 游客购物时的要求

游客如需购物时，讲解员应做到：

（1）如实向游客介绍本地区、本景区的商品内容与特色。

（2）如实向游客介绍本景区合法经营的购物场所。

（3）不得强迫或变相强迫游客购物。

规范内容六　游客观看景区演出时的服务要求

如游客游程中原已包含有在景区内观看节目演出，则讲解员的服务应包括：

（1）如实向游客介绍本景区演出的节目内容与特色。
（2）按时组织旅游者入场，倡导游客文明观看节目。
（3）在游客观看节目过程中，讲解员应自始至终坚守岗位。
（4）如个别游客因特殊原因需要中途退场，讲解员应设法给以妥善安排。
（5）不得强迫或变相强迫游客增加需要另行付费的演出项目。

规范内容七　讲解活动中的安全要求

在景区的讲解活动中，应充分注意安全：

（1）提前了解讲解当天的天气和景区道路情况，以期防患于未然。

（2）讲解活动应避开景区中存在安全隐患的地区。

（3）讲解中随时提醒游客注意安全（尤其是在游客有可能发生失足、碰头等的地带）。

（4）发生安全事故时冷静妥善对待，在积极帮助其他游客疏散的同时，并及时通知景区有关部门前来救助。

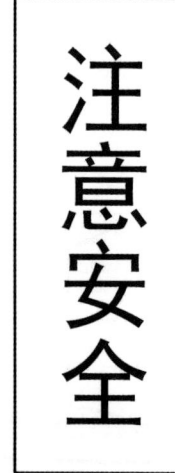

第三部分
景区讲解服务规范